¿DEBO ARGUMENTAR EL SINSENTIDO DE LA ESCLAVITUD?

Publicado por AKIARA books
Plaça del Nord, 4, pral. 1ª
08024 Barcelona (Espanya)
www.akiarabooks.com/es
info@akiarabooks.com

Primera edición: noviembre de 2021
Colección: Akiparla, 8
Traducción del discurso: Jordi Pigem
Diseño y coordinación de la colección: Inês Castel-Branco y Jordi Pigem

AKIARA trabaja con criterios de sostenibilidad,
buscando una producción de proximidad
y minimizando el uso de plásticos y el impacto ambiental.

Este producto está hecho con material proveniente
de bosques certificados FSC® bien manejados
y de materiales reciclados.

Impreso en dos tintas, la tripa en papel reciclado Shiro Echo Blanc de 100 g/m²
y la cubierta en cartulina Kraftliner de 250 g/m².
Se usaron las fuentes Celeste Pro Book, Helvetica Narrow y Franklin Gothic Std.

Impreso en España
@Agpograf_Impressors
Depósito legal: B 17.998-2021
ISBN: 978-84-18972-02-7

FREDERICK DOUGLASS

¿DEBO ARGUMENTAR EL SINSENTIDO DE LA ESCLAVITUD?

Comentario de Arianna Squilloni // Ilustraciones de Cinta Fosch //
Edición bilingüe

ÍNDICE

DISCURSO
Pronunciado por Frederick Douglass con ocasión
del Día de la Independencia de los Estados Unidos en 1852

CLAVES DEL DISCURSO

DISCURSO PRONUNCIADO POR FREDERICK DOUGLASS CON OCASIÓN DEL DÍA DE LA INDEPENDENCIA DE LOS ESTADOS UNIDOS (FRAGMENTOS SELECCIONADOS)

Rochester, Nueva York, 4-5 de julio de 1852

Mr. President, Friends and Fellow Citizens:

He who could address this audience without a quailing sensation, has stronger nerves than I have. I do not remember ever to have appeared as a speaker before any assembly more shrinkingly, nor with greater distrust of my ability, than I do this day. A feeling has crept over me, quite unfavorable to the exercise of my limited powers of speech. The task before me is one which requires much previous thought and study for its proper performance.

Señor presidente, amigos y conciudadanos:

Quien pueda dirigirse a esta audiencia sin una sensación de temor, tiene nervios más fuertes que los míos. No recuerdo haberme presentado nunca, como orador ante una asamblea, más encogido, o con mayor desconfianza en mi capacidad, que en el día de hoy. Me ha invadido un sentimiento muy contrario al ejercicio de mi limitado poder de expresión. La tarea que tengo ante mí requiere mucho estudio y reflexión previos para poder desempeñarla bien.

I know that apologies of this sort are generally considered flat and unmeaning. I trust, however, that mine will not be so considered. Should I seem at ease, my appearance would much misrepresent me. The little experience I have had in addressing public meetings, in country schoolhouses, avails me nothing on the present occasion.

The papers and placards say that I am to deliver a 4th of July oration. This certainly sounds large, and out of the common way, for it is true that I have often had the privilege to speak in this beautiful Hall, and to address many who now honor me with their presence. But neither their familiar faces, nor the perfect gage I think I have of Corinthian Hall, seems to free me from embarrassment.

Sé que este tipo de disculpas se suelen considerar vacías y sin sentido. Confío, sin embargo, que las mías no serán consideradas así. Si pareciera que me siento cómodo, mi apariencia sería muy engañosa. La poca experiencia que he tenido hablando en reuniones públicas, en escuelas rurales, de nada me sirve en esta ocasión.

Los periódicos y carteles dicen que voy a pronunciar un discurso sobre el 4 de julio. Esto, sin duda, suena importante y especial, porque es cierto que a menudo he tenido el privilegio de hablar en esta hermosa sala y de dirigirme a muchos de los que ahora me honran con su presencia. Pero ni sus rostros familiares, ni el perfecto conocimiento que creo tener de esta Sala Corintia parecen liberarme del rubor.

The fact is, ladies and gentlemen, the distance between this platform and the slave plantation, from which I escaped, is considerable — and the difficulties to be overcome in getting from the latter to the former, are by no means slight. That I am here today is, to me, a matter of astonishment as well as of gratitude. You will not, therefore, be surprised, if in what I have to say I evince no elaborate preparation, nor grace my speech with any high sounding *exordium*. With little experience and with less learning, I have been able to throw my thoughts hastily and imperfectly together; and trusting to your patient and generous indulgence, I will proceed to lay them before you.

El hecho, señoras y señores, es que la distancia entre esta tarima y la plantación de esclavos de la que escapé es considerable, y las dificultades a superar para pasar de una a la otra no son menores. El hecho de estar hoy aquí es para mí motivo de asombro y también de gratitud. Por lo tanto, no se sorprenderán si, en lo que tengo que decir, no demuestro una preparación elaborada, ni adorno mi discurso con un exordio altisonante. Con poca experiencia y menor aprendizaje, he podido juntar mis ideas de manera apresurada e imperfecta y, confiando en su paciente y generosa indulgencia, procederé a presentárselas.

This, for the purpose of this celebration, is the 4th of July. It is the birthday of your National Independence, and of your political freedom. This, to you, is what the Passover was to the emancipated people of God. It carries your minds back to the day, and to the act of your great deliverance; and to the signs, and to the wonders, associated with that act, and that day. This celebration also marks the beginning of another year of your national life; and reminds you that the Republic of America is now 76 years old. I am glad, fellow citizens, that your nation is so young. Seventy-six years, though a good old age for a man, is but a mere speck in the life of a nation.

Hoy, a efectos de esta celebración, es el 4 de julio. Es el cumpleaños de su Independencia Nacional y de su libertad política. Esto es, para ustedes, lo que fue la Pascua judía para el pueblo emancipado de Dios. Traslada sus mentes al día y al acto de su gran liberación, y a las señales y prodigios asociados con ese acto y ese día. Esta celebración también marca el inicio de un año más de su vida nacional y les recuerda que la República de América tiene ahora 76 años. Me alegro, conciudadanos, de que su nación sea tan joven. Setenta y seis años, aunque es una buena longevidad para un hombre, solo es una minucia en la vida de una nación.

Fellow-citizens, pardon me, allow me to ask, why am I called upon to speak here to-day? What have I, or those I represent, to do with your national independence? Are the great principles of political freedom and of natural justice, embodied in that Declaration of Independence, extended to us? And am I, therefore, called upon to bring our humble offering to the national altar, and to confess the benefits and express devout gratitude for the blessings resulting from your independence to us?

Conciudadanos, con perdón, permítanme preguntar: ¿por qué se me pide que hable hoy aquí? ¿Qué tengo que ver yo, o aquellos a quienes represento, con su independencia nacional? ¿Acaso los grandes principios de libertad política y de justicia natural, plasmados en esa Declaración de Independencia, nos incluyen? Y, por tanto, ¿estoy acaso llamado a presentar nuestra humilde ofrenda al altar nacional, y a confesar las ventajas y expresar mi devota gratitud por las bendiciones que nos otorga su independencia?

I am not included within the pale of this glorious anniversary! Your high independence only reveals the immeasurable distance between us. The blessings in which you, this day, rejoice, are not enjoyed in common. — The rich inheritance of justice, liberty, prosperity and independence, bequeathed by your fathers, is shared by you, not by me. The sunlight that brought life and healing to you, has brought stripes and death to me. This Fourth of July is *yours*, not *mine*. *You* may rejoice, *I* must mourn.

¡No estoy incluido dentro de los límites de este glorioso aniversario! Su alta independencia solo revela la inconmensurable distancia que hay entre nosotros. Las bendiciones que hoy celebran no las disfrutamos en común. La rica herencia de justicia, libertad, prosperidad e independencia que sus padres les legaron es compartida por ustedes, no por mí. La luz solar que les proporcionó vida y salud, a mí me ha traído latigazos y muerte. Este 4 de julio es *suyo*, no *mío*. *Ustedes* pueden alegrarse, pero *yo* he de lamentarme.

To drag a man in fetters into the grand illuminated temple of liberty, and call upon him to join you in joyous anthems, were inhuman mockery and sacrilegious irony. Do you mean, citizens, to mock me, by asking me to speak today?

Fellow citizens; above your national, tumultuous joy, I hear the mournful wail of *millions* whose chains, heavy and grievous yesterday, are, today, rendered more intolerable by the jubilee shouts that reach them.

Arrastrar a un hombre encadenado al gran templo iluminado de la libertad y pedirle que se una a ustedes en felices himnos, sería una burla inhumana y una ironía sacrílega. ¿Acaso, ciudadanos, pretenden burlarse de mí, al pedirme que hable hoy?

Conciudadanos, tras su alegría nacional y tumultuosa, oigo el triste gemido de *millones*, cuyas cadenas, ayer terribles y pesadas, se hacen hoy más intolerables ante los gritos de júbilo que les llegan.

My subject, then, fellow citizens, is american slavery. I shall see this day, and its popular characteristics, from the slave's point of view. Standing, there, identified with the American bondman, making his wrongs mine, I do not hesitate to declare, with all my soul, that the character and conduct of this nation never looked blacker to me than on this 4th of July!

Mi tema, por tanto, conciudadanos, es la esclavi-tud americana. Veré este día, y sus características populares, desde el punto de vista del esclavo. Desde allí, identificándome con el esclavo americano, ha-ciendo míos sus agravios, no dudo en declarar, con toda mi alma, que ¡el carácter y la conducta de esta nación nunca me parecieron tan negros como en este 4 de julio!

Whether we turn to the declarations of the past, or to the professions of the present, the conduct of the nation seems equally hideous and revolting. America is false to the past, false to the present, and solemnly binds herself to be false to the future. Standing with God and the crushed and bleeding slave on this occasion, I will, in the name of humanity which is outraged, in the name of liberty which is fettered, in the name of the constitution and the Bible, which are disregarded and trampled upon, dare to call in question and to denounce, with all the emphasis I can command, everything that serves to perpetuate slavery — the great sin and shame of America!

Tanto si contemplamos las declaraciones del pasado como las afirmaciones del presente, la conducta de la nación parece igualmente horrible y repugnante. Estados Unidos es falso con el pasado, falso con el presente y se compromete solemnemente a ser falso con el futuro. De pie, junto a Dios y al esclavo apaleado y sangrante, en nombre de la humanidad ultrajada, en nombre de la libertad encadenada, en nombre de la Constitución y de la Biblia, que son ignoradas y pisoteadas, me atreveré en esta ocasión a cuestionar y a denunciar, con todo el énfasis de que sea capaz, todo lo que sirve para perpetuar la esclavitud, ¡el gran pecado y vergüenza de América!

"I will not equivocate, I will not excuse." I will use the severest language I can command; and yet not one word shall escape me that any man, whose judgment is not blinded by prejudice, or who is not at heart a slaveholder, shall not confess to be right and just.

But I fancy I hear some one of my audience say, it is just in this circumstance that you and your brother abolitionists fail to make a favorable impression on the public mind. Would you argue more, and denounce less, would you persuade more, and rebuke less, your cause would be much more likely to succeed. But, I submit, where all is plain there is nothing to be argued.

«No seré ambiguo, no perdonaré». Usaré el lenguaje más severo de que pueda disponer, pero no se me escapará ni una palabra que ningún hombre cuyo juicio no esté cegado por el prejuicio, o que en el fondo no sea un esclavista, no reconozca que es recta y justa.

Pero imagino que oigo decir a alguien de mi audiencia: precisamente en esta circunstancia usted y sus hermanos abolicionistas no logran causar una buena impresión en la mente del público. Si argumentara más y denunciara menos, si persuadiera más y reprendiera menos, su causa tendría muchas más posibilidades de éxito. Sin embargo, afirmo que donde todo está claro no hay nada que argumentar.

What point in the anti-slavery creed would you have me argue? On what branch of the subject do the people of this country need light? Must I undertake to prove that the slave is a man? That point is conceded already. Nobody doubts it. The slaveholders themselves acknowledge it in the enactment of laws for their government. They acknowledge it when they punish disobedience on the part of the slave. There are seventy-two crimes in the State of Virginia, which, if committed by a black man (no matter how ignorant he be), subject him to the punishment of death; while only two of the same crimes will subject a white man to the like punishment.

¿Sobre qué punto de las ideas antiesclavistas querrían que argumente? ¿Sobre qué parte del tema necesita aclaración la gente de este país? ¿Debo esforzarme en demostrar que el esclavo es una persona? Este punto ya está admitido. Nadie lo pone en duda. Los mismos esclavistas lo reconocen en las leyes que promulgan para su gobierno. Lo reconocen cuando castigan la desobediencia del esclavo. En el estado de Virginia hay setenta y dos delitos que, si son cometidos por un hombre negro (por muy ignorante que sea) comportan la pena de muerte, mientras que solo dos de tales delitos comportan semejante castigo para un hombre blanco.

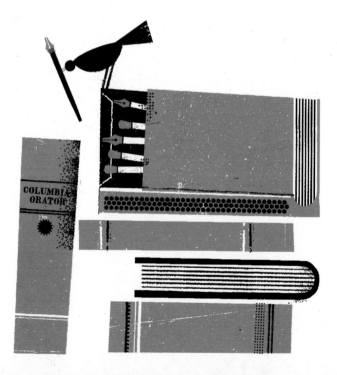

What is this but the acknowledgement that the slave is a moral, intellectual and responsible being? The manhood of the slave is conceded. It is admitted in the fact that Southern statute books are covered with enactments forbidding, under severe fines and penalties, the teaching of the slave to read or to write. When you can point to any such laws, in reference to the beasts of the field, then I may consent to argue the manhood of the slave. When the dogs in your streets, when the fowls of the air, when the cattle on your hills, when the fish of the sea, and the reptiles that crawl, shall be unable to distinguish the slave from a brute, then will I argue with you that the slave is a man!

¿Qué es esto, sino el reconocimiento de que el esclavo es un ser moral, intelectual y responsable? Se admite la humanidad del esclavo. Se admite en el hecho de que, en los estados del sur, los códigos legales están llenos de disposiciones que, bajo multas y castigos severos, prohíben que se enseñe al esclavo a leer o a escribir. Si pueden indicarme leyes semejantes para los animales del campo, tal vez aceptaría debatir sobre la humanidad del esclavo. Cuando los perros en sus calles, las aves del cielo, los rebaños en sus colinas, los peces del mar y los reptiles que se arrastran sean incapaces de distinguir al esclavo de la bestia, ¡entonces debatiré con ustedes sobre si el esclavo es persona!

For the present, it is enough to affirm the equal manhood of the Negro race. Is it not astonishing that, while we are ploughing, planting and reaping, using all kinds of mechanical tools, erecting houses, constructing bridges, building ships, working in metals of brass, iron, copper, silver and gold; that, while we are reading, writing and cyphering, acting as clerks, merchants and secretaries, having among us lawyers, doctors, ministers, poets, authors, editors, orators and teachers; that, while we are engaged in all manner of enterprises common to other men, digging gold in California, capturing the whale in the Pacific, feeding sheep and cattle on the hillside, living, moving, acting, thinking, planning, living in families as husbands, wives and children, and, above all, confessing and worshipping the Christian's God, and looking hopefully for life and immortality beyond the grave, we are called upon to prove that we are men!

Por el momento, basta con afirmar la humanidad equivalente de la raza negra. ¿No es increíble que, mientras nosotros aramos, plantamos y cosechamos usando toda clase de herramientas mecánicas, edificamos casas, construimos puentes, construimos barcos, trabajamos metales de latón, hierro, cobre, plata y oro; mientras leemos, escribimos y calculamos, trabajamos como dependientes, mercaderes y secretarios, tenemos entre nosotros a abogados, doctores, sacerdotes, poetas, escritores, editores, oradores y maestros; mientras nos embarcamos en todo tipo de empresas comunes a otros hombres, buscando oro en California, cazando ballenas en el Pacífico, alimentando ganado y ovejas en las colinas, viviendo, desplazándonos, actuando, pensando, planeando, viviendo en familia como maridos, esposas e hijos y, sobre todo, confesándonos y adorando al Dios cristiano, y anticipando con esperanza la vida y la inmortalidad más allá de la sepultura, se nos pida demostrar que somos personas?

Would you have me argue that man is entitled to liberty? that he is the rightful owner of his own body? You have already declared it. Must I argue the wrongfulness of slavery?

What, am I to argue that it is wrong to make men brutes, to rob them of their liberty, to work them without wages, to keep them ignorant of their relations to their fellow men, to beat them with sticks, to flay their flesh with the lash, to load their limbs with irons, to hunt them with dogs, to sell them at auction, to sunder their families, to knock out their teeth, to burn their flesh, to starve them into obedience and submission to their masters? Must I argue that a system thus marked with blood, and stained with pollution, is *wrong*? No! I will not. I have better employments for my time and strength than such arguments would imply.

¿Querrían que argumente que las personas tienen derecho a la libertad? ¿Que son legítimas propietarias de su propio cuerpo? Ya lo han declarado ustedes. ¿Debo argumentar el sinsentido de la esclavitud?

¿Qué? ¿Debo argumentar que está mal convertir a los hombres en animales, robarles su libertad, forzarlos a trabajar sin sueldo, hacer que ignoren sus relaciones con sus semejantes, golpearlos con palos, sajar su carne con el látigo, encadenar sus miembros con grilletes, cazarlos con perros, venderlos en una subasta, separar a sus familias, hacerles saltar los dientes de un puñetazo, quemarles la carne, y tenerlos hambrientos hasta que obedezcan y se sometan a sus amos? ¿Debo argumentar que un sistema tan marcado con sangre, tan sucio y contaminado, es *malo*? ¡No! No lo haré. Tengo cosas mejores que hacer con mi tiempo y mi energía que emplearlos en tales argumentos.

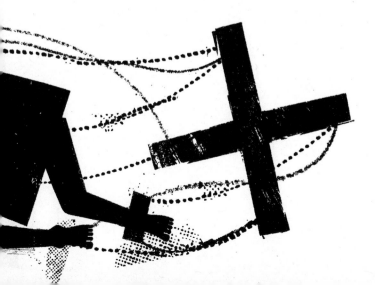

What, then, remains to be argued? Is it that slavery is not divine; that God did not establish it; that our doctors of divinity are mistaken? There is blasphemy in the thought. That which is inhuman, cannot be divine! Who can reason on such a proposition? They that can, may; I cannot. The time for such argument is passed.

¿Qué queda, pues, por argumentar? ¿Que la esclavitud no es divina, que Dios no la instauró, que nuestros doctores en teología se equivocan? Hay blasfemia en esa idea. Lo que es inhumano, ¡no puede ser divino! ¿Quién puede razonar sobre semejante afirmación? Los que puedan, adelante; yo no puedo. Pasó ya el momento de tales argumentos.

At a time like this, scorching irony, not convincing argument, is needed. O! Had I the ability, and could I reach the nation's ear, I would, to-day, pour out a fiery stream of biting ridicule, blasting reproach, withering sarcasm, and stern rebuke. For it is not light that is needed, but fire; it is not the gentle shower, but thunder. We need the storm, the whirlwind, and the earthquake. The feeling of the nation must be quickened; the conscience of the nation must be roused; the propriety of the nation must be startled; the hypocrisy of the nation must be exposed; and its crimes against God and man must be proclaimed and denounced.

En un momento como este, lo que se necesita es ironía calcinante, no argumentos convincentes. Oh, si tuviera la capacidad y pudiera llegar a los oídos de la nación, hoy derramaría un torrente ardiente de mofas mordaces, de reproches explosivos, de sarcasmo fulminante y de reprimendas contundentes. Porque lo que se necesita no es luz, sino fuego; no una suave lluvia, sino truenos. Necesitamos la tempestad, el torbellino y el terremoto. La sensibilidad de la nación ha de ser excitada; la conciencia de la nación ha de ser avivada; la decencia de la nación ha de ser sacudida; la hipocresía de la nación ha de ser revelada, y sus crímenes contra Dios y contra las personas han de ser proclamados y denunciados.

What, to the American slave, is your 4th of July? I answer: a day that reveals to him, more than all other days in the year, the gross injustice and cruelty to which he is the constant victim. To him, your celebration is a sham; your boasted liberty, an unholy license; your national greatness, swelling vanity; your sounds of rejoicing are empty and heartless; your denunciations of tyrants, brass fronted impudence; your shouts of liberty and equality, hollow mockery; your prayers and hymns, your sermons and thanksgivings, with all your religious parade, and solemnity, are, to him, mere bombast, fraud, deception, impiety, and hypocrisy — a thin veil to cover up crimes which would disgrace a nation of savages. There is not a nation on the earth guilty of practices, more shocking and bloody, than are the people of these United States, at this very hour.

¿Qué es, para el esclavo americano, su 4 de julio? Respondo: un día que le revela, más que cualquier otro día del año, la bárbara injusticia y crueldad de las que es víctima constante. Para él, su celebración es una farsa; su alardeada libertad, una licencia impía; su grandeza nacional, vanidad inflada; sus jubilosos sonidos, vacíos y desalmados; sus denuncias de tiranos, impudicia recubierta de latón; sus gritos de libertad e igualdad, burla hueca; sus oraciones e himnos, sus sermones y acciones de gracias, con toda su ostentación religiosa y solemnidad, son, para él, mera ampulosidad, fraude, engaño, impiedad e hipocresía, un tenue velo para ocultar delitos que avergonzarían a una nación de salvajes. No hay nación sobre la Tierra que sea culpable de prácticas más escandalosas y sangrientas que el pueblo de los Estados Unidos, ahora mismo.

Go where you may, search where you will, roam through all the monarchies and despotisms of the old world, travel through South America, search out every abuse, and when you have found the last, lay your facts by the side of the everyday practices of this nation, and you will say with me, that, for revolting barbarity and shameless hypocrisy, America reigns without a rival.

Vayan donde les parezca, busquen donde quieran, recorran todas las monarquías y despotismos del Viejo Mundo, viajen por Sudamérica, investiguen cada abuso y, cuando hayan encontrado el último, comparen los hechos con las prácticas diarias de esta nación, y dirán conmigo que, en cuanto a barbarie repugnante e hipocresía descarada, Estados Unidos reina sin rival.

Here you will see men and women reared like swine for the market. You know what is a swine-drover? I will show you a man-drover. They inhabit all our Southern States. They perambulate the country, and crowd the highways of the nation, with droves of human stock. You will see one of these human flesh-jobbers, armed with pistol, whip and bowie-knife, driving a company of a hundred men, women, and children, from the Potomac to the slave market at New Orleans. These wretched people are to be sold singly, or in lots, to suit purchasers. They are food for the cotton field, and the deadly sugar mill. Mark the sad procession, as it moves wearily along, and the inhuman wretch who drives them.

Aquí verán hombres y mujeres criados como cerdos para llevarlos el mercado. ¿Saben qué es un arriero de cerdos? Les mostraré un arriero de hombres. Habitan todos nuestros estados del sur. Deambulan por el país y llenan las carreteras de la nación con rebaños de ganado humano. Verán a uno de estos traficantes de carne humana, armado con pistola, látigo y machete, conduciendo a una compañía de cien hombres, mujeres y niños desde el río Potomac hasta el mercado de esclavos en Nueva Orleans. Estos desdichados serán vendidos solos o en lotes, según convenga a los compradores. Son alimento para los campos de algodón y para el mortífero ingenio azucarero. Fíjense en la triste procesión, que avanza fatigosamente, y en el desgraciado inhumano que los conduce.

See, too, that girl of thirteen, weeping, yes! weeping, as she thinks of the mother from whom she has been torn! The drove moves tardily. Heat and sorrow have nearly consumed their strength; suddenly you hear a quick snap, like the discharge of a rifle; the fetters clank, and the chain rattles simultaneously; your ears are saluted with a scream, that seems to have torn its way to the center of your soul! The crack you heard, was the sound of the slave whip; the scream you heard, was from the woman you saw with the babe. Her speed had faltered under the weight of her child and her chains! that gash on her shoulder tells her to move on.

Miren también a esa niña de trece años llorando, ¡sí!, llorando, mientras piensa en la madre de la que ha sido arrancada. El rebaño se mueve lentamente. El calor y la pena casi han consumido su fuerza; de repente oyen un rápido chasquido, como la descarga de un rifle; suenan los grilletes y a la vez repiquetea la cadena; ¡un chillido saluda a sus oídos y parece penetrar hasta el centro de su alma! El chasquido que oyeron era el sonido del látigo de esclavos; el grito que oyeron era de la mujer que habían visto con el bebé. ¡Bajo el peso de su hijo y de las cadenas, su velocidad había flaqueado! Ese tajo en el hombro le dice que siga adelante.

Follow the drove to New Orleans. Attend the auction; see men examined like horses; see the forms of women rudely and brutally exposed to the shocking gaze of American slave buyers. See this drove sold and separated forever; and never forget the deep, sad sobs that arose from that scattered multitude. Tell me citizens, where, under the sun, you can witness a spectacle more fiendish and shocking. Yet this is but a glance at the American slave trade, as it exists, at this moment, in the ruling part of the United States.

Sigan al rebaño hasta Nueva Orleans. Asistan a la subasta; vean a hombres examinados como caballos; vean las formas de las mujeres expuestas de manera desvergonzada y brutal a la impactante mirada de los compradores de esclavos. Vean a este rebaño vendido y separado para siempre, y nunca olviden los profundos y tristes sollozos de esa multitud desperdigada. Díganme, ciudadanos, dónde, sobre la faz de la Tierra, pueden presenciar un espectáculo más maligno e impactante. Y, sin embargo, esto solo es un vistazo al comercio de esclavos americano, tal como existe, en este momento, en la parte dominante de los Estados Unidos.

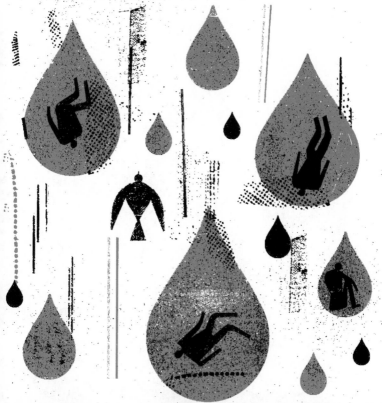

I was born amid such sights and scenes. To me the American slave trade is a terrible reality. In the deep still darkness of midnight, I have been often aroused by the dead heavy footsteps, and the piteous cries of the chained gangs that passed our door. The anguish of my boyish heart was intense; and I was often consoled, when speaking to my mistress in the morning, to hear her say that the custom was very wicked; that she hated to hear the rattle of the chains, and the heart rending cries. I was glad to find one who sympathized with me in my horror.

Nací en medio de tales imágenes y escenas. Para mí, el comercio de esclavos americano es una terrible realidad. En la profunda y tranquila oscuridad de la medianoche, a menudo me han despertado los pasos horriblemente pesados y los gritos lastimeros de los grupos encadenados que pasaban ante nuestra puerta. La angustia de mi corazón infantil era intensa, y a menudo, al hablar con mi ama por la mañana, me confortaba oírle decir que se trataba de un hábito muy perverso y que odiaba oír el repiqueteo de las cadenas y los gritos desgarradores. Me alegró encontrar a alguien que simpatizaba conmigo en mi horror.

Fellow citizens, this murderous traffic is, today, in active operation in this boasted republic. In the solitude of my spirit, I see clouds of dust raised on the highways of the South; I see the bleeding footsteps; I hear the doleful wail of fettered humanity, on the way to the slave markets, where the victims are to be sold like horses, sheep, and swine, knocked off to the highest bidder. There I see the tenderest ties ruthlessly broken, to gratify the lust, caprice and rapacity of the buyers and sellers of men. My soul sickens at the sight.

Conciudadanos, este tráfico asesino sigue hoy activo en esta república engreída. En la soledad de mi espíritu, veo nubes de polvo levantándose en las carreteras del sur; veo los pasos sangrantes; oigo el llanto cabizbajo de la humanidad encadenada, camino de los mercados de esclavos, donde las víctimas serán vendidas como caballos, ovejas y cerdos al mejor postor. Veo allí que los lazos más tiernos son rotos sin piedad, para gratificar la lujuria, el capricho y la rapacidad de los compradores y vendedores de hombres. Mi alma se enferma ante esta visión.

Fellow citizens! The existence of slavery in this country brands your republicanism as a sham, your humanity as a base pretense, and your Christianity as a lie. It destroys your moral power abroad; it corrupts your politicians at home. It is the antagonistic force in your government, the only thing that seriously disturbs and endangers your Union.

¡Conciudadanos! La existencia de la esclavitud en este país hace que su republicanismo sea una farsa; su humanidad, una pretensión vil, y su cristianismo, una mentira. Destruye su poder moral en el exterior y corrompe a sus políticos en el país. Es la fuerza antagónica de su gobierno y lo único que realmente perturba y pone en peligro a su Unión.

I have detained my audience entirely too long already. At some future period I will gladly avail myself of an opportunity to give this subject a full and fair discussion.

Allow me to say, in conclusion, notwithstanding the dark picture I have this day presented of the state of the nation, I do not despair of this country. There are forces in operation, which must inevitably work the downfall of slavery. "The arm of the Lord is not shortened," and the doom of slavery is certain. I, therefore, leave off where I began, with hope.

Ya he retenido a mi audiencia durante demasiado tiempo. En algún período futuro, con mucho gusto, me daré la oportunidad de dedicar a este tema una discusión completa y justa.

Permítanme decir, en conclusión, que a pesar del oscuro panorama que hoy he presentado del estado de la nación, no desespero de este país. Hay fuerzas en acción que inevitablemente han de provocar la caída de la esclavitud. «El brazo del Señor no se ha acortado» y el ocaso de la esclavitud es seguro. Por tanto, lo dejo donde empecé, con esperanza.

CLAVES DEL DISCURSO
Un exesclavo denuncia la hipocresía de todo un país

Una voz que no tiembla

El lunes 5 de julio de 1852, un hombre afroamericano alto y fuerte, de frente despejada y melena leonina, pronunció el discurso que acabas de leer.

Se trata de Frederick Douglass, nacido esclavo en 1818, y que escapó de la esclavitud en 1838 gracias a la ayuda de varias personas, cuya identidad mantuvo en secreto durante largos años, y también gracias a Anna, una afroamericana libre de Baltimore que acabaría convirtiéndose en su esposa.

Al poco de huir, Frederick Douglass empezó a frecuentar la Iglesia metodista africana de New Bedford, una pequeña congregación de personas de color donde impartía discursos regularmente, hasta que su talento como orador fue descubierto por la Sociedad Antiesclavista Americana. A partir de entonces viajó por Estados Unidos y también por Inglaterra, donde, en 1847, un grupo de abolicionistas consiguió comprar su libertad al dueño del que Douglass había huido.

Frederick Douglass era un exesclavo autodidacta, culto, inteligente y brillante. Se convirtió en el conferenciante más famoso de su época, llegando a perder la voz y a enfermar de tantas conferencias que daba. Douglass era el esclavo insurrecto que tomaba la palabra, lanzándose contra los tiranos. Sus palabras ponían al desnudo, una y otra vez, la hipocresía sobre la que se asentaba la Constitución de Estados Unidos. Quienes tenían ocasión de verlo en el escenario comparaban su oratoria con una erupción volcánica, y a él con un «león númida» (Numidia era un antiguo reino del norte de África). Si alguien del público se atrevía a contradecirlo, podía acabar argumentativamente destrozado.

Douglass se encontraba en las antípodas de la imagen de la persona torpe y de pocas luces con la que se solía caricaturizar a los esclavos. Y también muy lejos de la imagen del afroamericano sometido y amable que aparece en la popular novela *La cabaña del tío Tom*, de Harriet Beecher Stowe, publicada precisamente en 1852.

Contexto político y social

Estamos en 1852. El éxito de la lucha por la abolición de la esclavitud no está garantizado: por un lado, hay quienes promueven la deportación de la población afroamericana de Estados Unidos a África, o a algún lugar del Caribe o de América Latina; por otro, hay disputas dentro del propio movimiento abolicionista. En 1850, dos años antes, se ha aprobado la Ley de Esclavos Fugitivos, que obliga a cualquier ciudadano americano, aunque viva en un estado no esclavista, a denunciar a los esclavos fugitivos y a no prestarles ningún tipo de ayuda.

Abraham Lincoln todavía no se ha convertido en una destacada figura política; faltan nueve años para el inicio de la Guerra de Secesión y once para la Proclamación de Emancipación del 1 de enero de 1863.

En 1850, en el conjunto de Estados Unidos hay una población de unos 23 millones de ciudadanos blancos y medio millón de afroamericanos libres. En los estados esclavistas viven aproximadamente 6 millones de ciudadanos blancos y unos 3 millones de esclavos. En este contexto, la Sociedad Antiesclavista de Mujeres de la ciudad de Rochester (Nueva York), donde vive Douglass, lo invita a pronunciar un discurso con ocasión de la celebración del 4 de julio, en la Sala Corintia, el lugar más prestigioso de la ciudad, donde se celebran conciertos, conferencias, bailes y ferias.

Es importante señalar que la invitación llega de una asociación de mujeres. Douglass había participado en la primera convención sobre los derechos de las mujeres en Seneca Falls (Nueva York) en el verano de 1848. Al final del encuentro, se redactó la Declaración de Sentimientos, un documento inspirado en la Declaración de Independencia (pero con un lenguaje inclusivo: por ejemplo, donde la Declaración de Independencia decía: «Todos los hombres han sido creados iguales», aquí se dice: «Todos los hombres y las mujeres han sido creados iguales»). Bajo la rúbrica *sentiments*, denunciaba dieciséis formas de discriminación que sufrían las mujeres. Esta declaración fue firmada por 68 mujeres y 32 hombres, y Douglass estaba entre ellos.

Sin embargo, en este discurso con ocasión del 4 de julio, Douglass no siente la necesidad de modificar las palabras de la Declaración de Independencia a la hora de hablar de igualdad y libertad. Si la declaración habla de todos los hombres, es que habla de todos los seres humanos, sin especificar color ni género. Douglass defiende que ese documento no es esclavista; los esclavistas son los políticos y los gobiernos que se han sucedido en la joven historia de Estados Unidos. No queda otra cosa que volver a la esencia de la Declaración y de la Constitución para abolir el sinsentido de la esclavitud y abandonar, así, la hipocresía sobre la que se funda el gobierno del país.

Eso lo reconocían ya los padres de la patria. Por ejemplo, en 1781, Thomas Jefferson, que Douglass cita en el discurso, dijo en referencia a la esclavitud: «Tiemblo por mi país cuando pienso en el hecho de que Dios es justo, de que su justicia no puede dormir para siempre».

Douglass fue una de las voces encargadas de despertar la justicia divina. Lo hizo a través de la palabra que resonaba en su poderosa voz de barítono. ¿Cuál era el camino que lo había llevado a confiar en el poder de la palabra?

El camino hacia la libertad

Frederick Douglass nació en una plantación de Maryland a principios de 1818, de madre esclava y padre desconocido, aunque se cree que era el dueño (blanco) de su madre. En 1826, Frederick fue cedido a un miembro de la familia de su amo que vivía en la ciudad de Baltimore. Esta cesión marcó sus aspiraciones y su destino.

Por un lado, ser esclavo en una ciudad garantizaba mejores condiciones de vida que las de una plantación: no solo porque el trabajo no era tan extenuante, sino porque (como dice el propio Douglass en su primera autobiografía) en la ciudad «te vestían y te alimentaban mejor». Sophie Auld, la joven esposa de su dueño, era un alma delicada y amable. Frederick Douglass, que en esa época tenía entre 7 y 8 años, era su primer esclavo, y ella, con toda naturalidad, empezó a enseñarle a leer. Cuando su esposo lo descubrió, le prohibió tajantemente que lo hiciera, porque enseñar a leer a un esclavo era ilegal y, además, en sus propias palabras:

> Si le das un dedo a un negro, te tomará todo el brazo. Un negro no tendría que hacer otra cosa que obedecer a su dueño. El aprendizaje estropearía al mejor negro en el mundo. Si le enseñas a leer, no habrá manera de controlarlo. Ya no podrá ser un esclavo. Se volverá ingobernable y de nulo valor para su amo. Y eso tampoco le aportará nada bueno a él; es más, le causará un gran daño. Lo volverá insatisfecho e infeliz.

Douglass escuchó estas palabras, que le hicieron ver cuál era el camino que conducía de la esclavitud a la libertad. Acababa de perder la ayuda y el apoyo de su dueña, pero había ganado algo fundamental: ahora sabía hacia dónde dirigir sus esfuerzos. Así que Frederick Douglass buscó la manera de seguir aprendiendo a leer y luego a escribir. Se hizo amigo de los niños blancos que encontraba en las calles de Baltimore. A menudo se trataba de niños pobres que no tenían mucho que comer. Por suerte, a Douglass no le faltaba el pan y se lo regalaba, y a cambio ellos le daban el pan del conocimiento.

Un pan tan esencial que, en 1834, siendo todavía esclavo en St. Michaels, a unos cien kilómetros de Baltimore, Douglass montó una escuela de lectura y escritura para sus compañeros de esclavitud en la casa de un afroamericano libre del lugar. En su autobiografía, dice que este trabajo fue el más dulce compromiso que tuvo jamás.

¿Era arriesgado lo que hacían? De ser descubiertos, los esclavos podían recibir, en el mejor de los casos, un castigo de 39 latigazos. Si leemos otros documentos de la época, vemos que este tema aparece una y otra vez. Por ejemplo, en *Doce años de esclavitud*, el afroamericano Solomon Northup, nacido libre, cuenta que en 1841 fue raptado y vendido como esclavo. Un día, uno de sus propietarios le preguntó si sabía leer y escribir. Al enterarse de que así era, le contestó que, si lo pillaba con un libro o con pluma y tinta, le daría cien latigazos. Él compraba negros para trabajar, no para educar.

El peligro del poder irresponsable

En el pensamiento de Douglass, la esclavitud embrutece tanto al dueño como al esclavo. Nadie la puede soportar sin convertirse en una monstruosa versión de sí mismo.

A los esclavos no solo se les prohibía aprender a leer, sino que sus dueños fomentaban que pasaran sus días libres bebiendo whisky. A nadie le interesaba un esclavo que en su tiempo libre hiciera pequeños esfuerzos para mejorar su condición. Los amos llegaban a animarlos a hacer competiciones para ver quién aguantaba mejor la bebida. Tal como cuenta Douglass en su autobiografía, los esclavos se ponían tan enfermos que llegaban a preguntarse si ser libre realmente merecía la pena.

De otra manera, el tiempo libre hubiera sido un enemigo para los amos, porque un esclavo solo puede soportar la vida que lleva si no tiene ninguna posibilidad de ponerse a pensar; de ahí también la frecuencia de los castigos a latigazos: «Cuando tu espalda está en carne viva, cuando tu preocupación es la pura supervivencia física, no aspiras a nada más que a sobrevivir, y te conformas con seguir respirando». En su autobiografía, Douglass escribe:

> He observado en mi experiencia de esclavo que cada vez que mi condición mejoraba, en lugar de incrementar mi satisfacción, tan solo incrementaba mi deseo de ser libre, y me empujaba a urdir planes para ganar mi libertad. He descubierto que, para que un esclavo esté satisfecho, es necesario que sea inconsciente. Es necesario oscurecer su visión moral y mental y, en la medida de lo posible, aniquilar su poder de razonamiento. Tiene que ser capaz de no ver ninguna inconsistencia en la esclavitud; tiene que sentir que la esclavitud es lo correcto, y esto es posible tan solo cuando ya no es un hombre.

Mientras que para poder soportar su situación un esclavo tiene que abandonar cualquier aspiración, un propietario de esclavos, para poder cumplir con su papel, no puede ser buena persona, ya que su bienestar depende de la miseria de sus esclavos; además, le es otorgado un poder sin límites y, por tanto, ninguna fechoría que cometa será juzgada. El mismo Douglass observa cómo su joven propietaria, Sophie Auld, al principio tan llena de buenos sentimientos, pronto se va agriando. La culpa reside en el funesto veneno del poder irresponsable —la expresión «poder irresponsable» aparece en más de uno de sus discursos. El ejercicio de la brutalidad arbitraria te convierte en un monstruo.

The Columbian Orator

Cuando tenía doce años, con el dinero ganado limpiando botas, Frederick Douglass se compró *The Columbian Orator*, de Caleb Bingham. Se trata de un manual publicado por primera vez en 1797 y que fue empleado en las escuelas estadounidenses durante más de sesenta años para enseñar a los niños a leer y hablar en público. Contenía una selección de breves ensayos, poemas y diálogos de tema político, educativo y moral.

Probablemente, este libro fue la mejor compra de la vida de Douglass, quien amaba particularmente un breve diálogo de John Aikin que aparecía en sus páginas. Se trata del «Diálogo entre amo y esclavo». Un esclavo ha tratado de huir y su amo se lo reprocha, pero el esclavo le explica sus razones y habla no solo de su situación concreta, sino del problema moral en la base de la esclavitud. Al final consigue convencer a su amo, que lo deja libre.

Este texto le proporcionó a Douglass las palabras que no conseguía encontrar para expresar los oscuros sentimientos que se agitaban en su interior. Le ofreció las razones y las ideas que estaba buscando y le hizo ver que la verdad pronunciada en voz alta podía conseguir resultados.

Al final de *The Columbian Orator* había unas «Indicaciones generales para hablar» que se convirtieron en la guía de Douglass para aprender a pronunciar un discurso. Apoyándose en los oradores clásicos y contemporáneos, el texto remarcaba, entre otras cosas, la necesidad de hablar de una manera natural, variada y clara, utilizando gestos elocuentes y expresivos. Solo así las palabras pronunciadas conseguirían encontrar el interés y la participación del público.

El orador en el escenario

Douglass se tomó muy en serio estas recomendaciones, que combinó con la tradición predicadora y la tradición de narración oral afroamericana, con la que estuvo en contacto en sus veinte años de esclavitud. Esta se caracterizaba por un imaginario impactante, el empleo de metáforas y repeticiones, y una cadencia rítmica. Además, los narradores trabajaban con su voz, imitando los sonidos de la naturaleza y las voces de los distintos personajes de las escenas que representaban.

Douglass aprendió a imitar la manera de hablar de las personas con las que entraba en contacto, ya se tratara de compañeros de esclavitud, de propietarios de esclavos o de predicadores blancos. Según cuenta Frederic May Holland, que en 1895 publicó la primera biografía de Douglass, ya en St. Michaels, de adolescente, Douglass caricaturizaba a los pastores blancos dirigiendo sermones a los cerdos, a los que llamaba «queridos hermanos».

Tanto la animadversión hacia la hipocresía del clero, que, apoyándose en una lectura tendenciosa de la Biblia, justificaba la institución de la esclavitud, como su pasión por actuar, modulando la voz, cambiando de dicción y acento, estaban bien presentes en las parodias que, sobre todo al principio de su carrera como orador, le encantaba escenificar. Había una en particular que el público le pedía una y otra vez; se trata del «Sermón del dueño de esclavos». Douglass daba vida al estereotipo del predicador metodista blanco que habla a los esclavos a partir del texto bíblico «Siervos, obedeced a vuestros amos». Se abrochaba el abrigo hasta el último botón, adquiría una expresión severa, y soltaba un discurso basado en la idea de que obedecer al dueño es obedecer a Dios. Fingía hablar a un público de esclavos y les decía: «Sé que vuestra plegaria cotidiana reza: "Señor, ¿qué quieres que haga?"». Después de una silenciosa pausa dramática, Douglass contestaba: «Encontraréis la respuesta en el texto que dice: "Obedeced a vuestro amo"». El público estallaba en risas, tal como recuerda un estudiante del Seminario de Lanesborough, en Massachusetts, que en 1842 asistió a dos días de conferencias de Douglass. «Nos hizo reír un buen rato», anotó en su libreta.

Ahora que ya conoces las capacidades declamatorias de Frederick Douglass, intenta leer en voz alta algunas partes del discurso. ¿Cómo crees que las habría pronunciado Douglass? ¿Habría transformado su voz para darle un tono irónico, quizás calmado y razonable, o un tono enfadado y contundente?

Su amiga y líder feminista Elizabeth Cady Stanton (1815-1902), en una carta escrita después de la muerte de Douglass, recuerda la primera vez que lo vio en un escenario: «Allí estaba, como un príncipe africano, consciente de su dignidad y poder, grande en sus proporciones físicas, majestuoso en su ira, mientras con humor entusiasta, sátira e indignación describía la dureza de la esclavitud».

¿Cómo despertar las conciencias?

Ya hablaremos sobre los recursos retóricos empleados por Douglass a la hora de construir este discurso excepcional, que muchos consideran uno de los mejores de la historia de Estados Unidos. Sin embargo, es importante fijarse antes en la clave de lo que nos está diciendo: lo que es inmoral no es la actitud airada de los abolicionistas; lo que es inmoral es pedirle a un afroamericano que no ofenda a nadie cuando la esclavitud es una ofensa a la humanidad.

Douglass cree en la palabra, pero cree también que la palabra tiene que llegar sin ningún tipo de ambigüedad, porque la gravedad del tema y del momento lo requiere. Los ciudadanos estadounidenses no estaban a la altura de su Declaración de Independencia. Douglass saca a la luz la hipocresía de los que pretenden defender el valor de la libertad y permanecen ciegos ante la injusticia sangrante que al mismo tiempo están cometiendo.

Su indignación justiciera se manifiesta brillantemente en este discurso, utilizando el arma de la oratoria para remover las conciencias de los blancos que lo escuchan.

La jeremiada

Los discursos de Frederick Douglass, pronunciados con su poderosa voz, también tenían fuerza por lo que expresaban y por la coherencia de su estructura. Douglass tenía su propio estilo, pero conocía en profundidad las reglas de la retórica y se apoyaba en las costumbres oratorias de la época.

Este discurso se construye en tres tiempos: primero, Douglass alaba el valor y la fortaleza de los padres de la patria; luego se indigna y denuncia rotundamente el presente del país, y termina en un tono calmado recordando que la Constitución de ese mismo país ofrece el camino para construir un lugar justo.

Un discurso de este tipo se suele llamar «jeremiada». Jeremías fue un profeta al que se atribuyen diversos libros de la Biblia; entre ellos, el libro de Jeremías y el libro de las Lamentaciones. Jeremías instaba al pueblo judío a arrepentirse, de otra manera sería duramente castigado por Dios. La jeremiada es un tipo de exhortación, ampliamente empleado en la oratoria religiosa protestante y afroamericana, que augura la desgracia de un grupo humano a no ser que cambie radicalmente su manera de actuar. Douglass argumenta que, si Estados Unidos sigue por su mal camino, caerá en la desgracia.

Estructura y cualidades oratorias del discurso

En las páginas 14-15, Douglass nos dice que no ha preparado un exordio altisonante. En retórica, el *exordium* es la primera de las cuatro partes en que se divide un discurso, y sirve para suscitar la benevolencia en el auditorio, para predisponerlo positivamente de cara al orador (las otras partes son la *narratio*, la *argumentatio* y la *peroratio*). Al mencionar el exordio, Douglass deja claro que conoce la retórica clásica, pero la excepcionalidad del tema le impide acudir a una estructura canónica del discurso.

Los hechos son tan evidentes que es inútil seguir argumentando contra la esclavitud; lo único que nos puede ayudar, en este caso, es una afilada ironía que deje al descubierto la contradicción sobre la que se fundamenta la independencia de Estados Unidos.

Douglass sigue empleando la ironía a través de las muchas *preguntas retóricas* que lanza al auditorio a lo largo del discurso. Una pregunta retórica es una pregunta que no se formula buscando una respuesta, sino para subrayar el sinsentido de una situación. Por ejemplo: «Conciudadanos, con perdón, permítanme preguntar: ¿por qué se me pide que hable hoy aquí? ¿Qué tengo que ver yo, o aquellos a quienes represento, con su independencia nacional?».

Otro recurso presente en los discursos de Douglass, tanto que algunos comentaristas lo destacan como un rasgo propio de su oratoria, es el empleo de *imágenes vívidas y descriptivas*. Otros oradores se centraban en la argumentación lógica; Douglass, en cambio, apelaba a la imaginación, buscando la adhesión emotiva de su público.

En este discurso, por ejemplo, hay una extensa descripción de un mercado de esclavos. La descripción detallada de casos concretos llega al alma del oyente porque le hace pensar en vidas reales: Douglass invita a observar las lágrimas de una joven madre; obliga a mirar a los ojos a los traficantes de seres humanos y recuerda su propia experiencia de niño. Podemos decir que a lo largo de su vida de orador Douglass estuvo narrando, para sí mismo y para el público, acontecimientos de su vida de esclavo, dándoles forma para que fueran ejemplares e impactantes.

Este recurso fue comúnmente empleado por el movimiento abolicionista. De hecho, se halla en la base de la creación de un auténtico género literario que prosperó en el siglo XIX en Estados Unidos: las biografías de esclavos. Estas obras eran utilizadas por los abolicionistas para ganar apoyo y simpatía para su causa a través del relato terrorífico de las crueldades y los horrores de la esclavitud.

Douglass fue un hombre fervientemente religioso, un profundo conocedor de la Biblia, y este es un dato esencial a la hora de entender sus discursos: los esclavistas y, especialmente, los predicadores —en su biografía Douglass dice que no te podía tocar nadie peor que un amo que fuera predicador— utilizaban las palabras de la Biblia para justificar la esclavitud. Mediante numerosas *citas* bíblicas, Douglass los refuta y lee la palabra de Dios en clave antiesclavista.

También hay otras citas en sus discursos; por ejemplo, de la Declaración de Independencia, de algunos poetas estadounidenses y, sobre todo, de Shakespeare: en la versión completa de este discurso encontramos versos de *Macbeth* y fragmentos inspirados en los monólogos de *Julio César*. Tanto Douglass como Shakespeare recurren al *paralelismo*, que marca un ritmo apremiante y en el que la contraposición de elementos fuerza al oyente a sacar conclusiones.

Una voz que sigue resonando

Frederick Douglass se había autoeducado. Naturalmente, tuvo maestros y mentores, tanto en su vida de esclavo como en su vida de hombre libre, pero se formó sobre todo a través de su increíble talento. Sus palabras dejaron huella, y fue el orador invitado a pronunciar el discurso en la inauguración al *Monumento a Lincoln* en 1876. El presidente asesinado era también un gran orador autodidacta que había aprendido con su mismo libro de texto, *The Columbian Orator.*

En un principio, Douglass se enfrentó a Lincoln por su lentitud a la hora de defender la abolición de la esclavitud. Sin embargo, acabó por reconocer la fortaleza moral y política de un hombre que, aunque lentamente, avanzó sin vacilación y consiguió lo que parecía imposible: la Proclamación de Emancipación.

Esta llegó, sin embargo, después de cuatro años de una guerra civil que causó medio millón de muertos y culminó en 1865 con el asesinato del propio Lincoln. Los años siguientes fueron difíciles. Las negociaciones con los estados secesionistas tuvieron altibajos y, si bien en los años setenta del siglo XIX llegó a haber parlamentarios afroamericanos elegidos en estados del sur, poco a poco se extendieron las leyes Jim Crow, que limitaban el acceso de las personas afroamericanas a establecimientos públicos y medios de transporte. Los movimientos violentos de supremacía blanca consiguieron detener el avance del derecho a voto o del derecho a la presunción de inocencia de los ciudadanos afroamericanos. Tal como denunció Douglass en un discurso de 1888, en el caso del ciudadano afroamericano, «según la ley, su color no es un crimen; pero, de hecho, su color lo expone a ser tratado como un criminal».

Aquí se abrió el camino para los movimientos por los derechos civiles del siglo xx. Las palabras y el pensamiento de Frederick Douglass tuvieron su influjo en los discursos de Malcom X y en el pensamiento de Martin Luther King. En 2016, Barack Obama, en su discurso inaugural del Museo Nacional de Historia y Cultura Afroamericana, en Washington, dijo que las décadas de lucha y progreso están grabadas en la poderosa mirada leonina de Frederick Douglass.

Numerosos poetas y escritores han homenajeado a Frederick Douglass. Sus discursos todavía se recitan: cada año, alrededor del 4 de julio, Mass Humanities, una asociación de Massachusetts, promueve la lectura de fragmentos de este discurso en distintas ciudades del mundo.

Hoy, su poderosa voz sigue resonando.

AKIPARLA LA FUERZA DE LA PALABRA